Como vencer as crises

SILMAR COELHO

Como vencer as crises

Vida

©2003, de Silmar Coelho

EDITORA VIDA
Rua Isidro Tinoco, 70 Tatuapé
CEP 03316-010   São Paulo, SP
Tel.: 0 xx 11 2618 7000
Fax: 0 xx 11 2618 7030
www.editoravida.com.br

Todos os direitos em língua portuguesa reservados por Editora Vida.

PROIBIDA A REPRODUÇÃO POR QUAISQUER MEIOS, SALVO EM BREVES CITAÇÕES, COM INDICAÇÃO DA FONTE.

Coordenação editorial: Silvia Justino
Edição: Marco de Queiroz
Revisão: Rosana Brandão e Tereza Gouveia
Diagramação: Claudio Reis
Capa: Marcelo Moscheta

Scripture quotations taken from *Bíblia Sagrada, Nova Versão Internacional*, NVI ® Copyright © 1993, 2000 by International Bible Society ®. Used by permission IBS-STL U.S. All rights reserved worldwide. Edição publicada por Editora Vida, salvo indicação em contrário.

1. edição: set. 2003
1ª reimp.: set. 2004
2ª reimp.: jun. 2007
3ª reimp.: mar. 2011

Dados Internacionais de Catalogação na Publicação (CIP)
(Câmara Brasileira do Livro, SP, Brasil)

Coelho, Silmar
  Como vencer as crises / Silmar Coelho — São Paulo: Editora Vida, 2003.

  ISBN 978-85-7367-726-3

  1. Auto-ajuda — Técnicas 2. Crises 3. Motivação 4. Solução de problemas 5. Vida cristã I. Título II. Série.

03-2611   CDD-248.86

Índice para catálogo sistemático:
1. Crises : Solução : Vida cristã 248.86

Sumário

Prefácio 9

Introdução 11

CAPÍTULO UM

Pense grande 13

CAPÍTULO DOIS

Corrija seus erros 21

CAPÍTULO TRÊS

Amplie seus limites 29

CAPÍTULO QUATRO

Controle a ansiedade 37

CAPÍTULO CINCO

NÃO PERCA A CORAGEM!   51

CAPÍTULO SEIS

SOLUCIONE A CRISE!   59

Conclusão — Espere um milagre   69

Sobre o autor   71

Tiago, meu filho,

és meu primeiro milagre,
recebido do céu,
face do amor e fruto da promessa,
nascido para a vitória,
filho da paz e da felicidade.

Prefácio

As crises fazem parte da vida de qualquer um. Enquanto vivermos, experimentaremos lutas; quando uma termina, outra se inicia. Só existe uma maneira de vencê-las: enfrentando-as. Infelizmente, muitas pessoas preferem fugir ou ignorar os desafios. Empurram os contratempos com a barriga, deixando os apuros para mais tarde, como se as dificuldades se resolvessem sozinhas. Problemas têm a tendência de piorarem com o passar do tempo.

Provavelmente, você está passando por crises agora mesmo. Este livro o ajudará a entender como as crises se apresentam e como vencê-las. A intenção do autor não é analisar ou revelar uma fórmula secreta para a vitória. Seu objetivo é encorajar e fortalecer. A leitura fácil e simples traz esperança e consolo.

Aqueles que necessitam de coragem para prosseguir, encontrarão nestas linhas novo entusiasmo. Outros que não sabem o porquê das crises, serão instruídos. Quem se sente derrotado se levantará para tentar mais uma vez. As dificuldades podem ser aterradoras a princípio, mas se tornam pequenas à medida que as enfrentamos. Como pedras no caminho, podemos nos desviar ou usá-las como alicerce para a vitória. Compreender e aceitar as crises com normalidade é crucial. Você pode encontrar a saída. Acredite! Você vai vencer a crise!

JANICE ESTEVES COELHO

INTRODUÇÃO

*Espinhos em nosso ninho
levam-nos a alçar vôo.*

Ellen G. White

Crises? Todos temos. Elas fazem parte da vida do ser humano.

Você sabe lidar com as crises a ponto de controlá-las? Sabe enfrentar circunstâncias adversas sem desespero? As respostas para tais perguntas são fundamentais.

O segredo de uma vida vitoriosa é saber lidar com as dificuldades, tirar proveito delas, usá-las a nosso favor; assim como o marinheiro usa o vento contrário para guiar o barco ao porto desejado.

Estou plenamente consciente de quão difícil a existência humana pode ser, pois também tenho enfrentado graves tensões. Além das minhas, recebo centenas de bilhetes falando a respeito de divórcios, dívidas, abusos, quedas morais, filhos insubmissos, desempregos, drogas, doenças crônicas, alcoolismo, solidão, desespero e depressão. Entretanto, os que conseguem sair do círculo vicioso da derrota são os que, apesar das crises, têm uma fé positiva e vêem saídas onde aparentemente não há.

Para curar o homem cuja vida está confusa e sem vitalidade, nada melhor do que a renovação da esperança.

O objetivo deste livro é ajudá-lo a lidar com os conflitos sem permitir que eles o controlem. As crises são obstáculos a ser ultrapassados. À medida que você assimila e pratica essas verdades, fica mais fácil enfrentar as dificuldades naturais da vida. Você enxergará os problemas — e suas soluções — com criatividade e positivismo, assumindo o leme de sua vida e fazendo dela uma aventura estimulante e feliz.

CAPÍTULO UM

PENSE GRANDE

Você é bem-sucedido a partir do instante em que decide ser.[1]

O pensamento acima repete as sábias palavras de Salomão: "Como um homem pensa, assim é".[2] As circunstâncias exteriores não determinam sua vida. São os pensamentos interiores que dominam sua mente e produzem quem você é. Conforme Grenville Kleiser, "O que uma pessoa pensa contribui sobremodo para determinar o que ela será". Ninguém pode vencer os problemas exteriores sem antes superar os dilemas interiores. O vencedor, antes de conquistar o mundo, conquista a si mesmo.

[1] Kathy WAGONER, *A arte do sucesso*, São Paulo: Publifolha, 2002, p.122.
[2] Cf. Pv 23.7.

> Muitas pessoas levam uma vida irreal. Acham que os acontecimentos fora delas são a realidade final, e nunca permitem que seu mundo interior se afirme (Hermann Hesse).

Pense grande. Mesmo que o vejam caído e derrotado, esteja de pé dentro de si mesmo; mantenha a cabeça erguida. O fracasso não é eterno. Erga seu pensamento acima das derrotas e dos conflitos.

> O homem que não tem vida interior é escravo do que está fora dele (Henri Frédéric Amiel).

Existe alguém que acredita em você. Ele o ama do jeito que você é. Sua presença é real e confortante. Nenhuma derrota é maior do que a vitória a ser conquistada. Não importa o que aconteceu no passado. O que acontecerá no presente transformará tudo. O ódio não é maior do que o amor. Você pode encontrar a saída e resolver a crise. Seja persistente; continue tentando.

> Quando se sentir no fim dos seus limites ou recursos, lembre-se de que Deus está na outra ponta (Lettie B. Cowman).

Quando as pessoas têm pensamentos confusos, elas passam a maximizar os problemas. Vê-los grandes demais faz com que não vislumbrem as soluções. Poderiam facilmente sair da crise, porém seus pensamentos pequenos, negativos e sem esperança contagiam suas ações.

> Levanto os meus olhos para os montes e pergunto: De onde me vem o socorro? O meu socorro vem do SENHOR, que fez os céus e a terra. Ele não permitirá que você tropece.³

Situações normais e passageiras, que poderiam ser resolvidas com um pouco de esforço e criatividade, transformam-se em problemas monstruosos e insolúveis. Por conseguinte, as pessoas ficam deprimidas, deixando-se cercar por sombras fantasmagóricas.

> Dificuldades reais podem ser resolvidas; Apenas as imaginárias são insuperáveis (Theodore N. VAIL).

VIGIE SEU ESTADO DE ESPÍRITO

Muitos assistem aos telejornais. A cada noite, notícias quase sempre negativas penetram os lares e as mentes de milhões de brasileiros. A dança da cotação do dólar, subindo e descendo, preocupa a maioria. Cada vez que os índices Nasdaq, Bovespa ou Dow Jones caem, o estado de espírito dessas pessoas também cai. Por incrível que pareça, existem aqueles que ficam preocupadíssimos com o aumento da cotação do dólar sem nem mesmo possuir um único dólar.

---

³Sl 121.1-3.

> Quem se entrega a pensamentos negativos, rancorosos, indelicados ou impuros, ficará, da mesma forma, tenso, infeliz, deprimido e apavorado (Gordon Powell).

Ao permitir que as notícias negativas dominem seu estado de espírito, você ficará tão "para baixo" que não encontrará respostas às crises. Assim como a economia é afetada pela queda ou valorização da Bolsa de Valores, igualmente a vida das pessoas é comprometida pelo estado de espírito de cada uma delas. Aprender a controlar o estado de espírito é primordial.

> Mais vale controlar o seu espírito do que conquistar uma cidade.[4]

Não se preocupe em demasia por algumas vezes ficar um pouco abatido. Sentir-se assim pode ser normal. Nem pense que resolverá todos os problemas de um dia para o outro só porque seu nível de entusiasmo está nas alturas. Entusiasmar-se também é normal. A gravidade do problema está em ter atitudes negativas e permanecer deprimido tempo demais. Quem se sente desanimado por um longo período precisa urgentemente de ajuda. A questão é: como equilibrar o estado de espírito?

---

[4] Pv 16.32.

SIGA O EXEMPLO DA PEQUENINA SEMENTE

Quando desencorajado, lembre-se de que uma pequena semente precisa ser enterrada para florescer. Aquele que, ao enterrar a semente, pensa que a destruiu completamente está enganado. É verdade que, a princípio, morrerá; porém, a morte, em vez de destruí-la, libertá-la-á para uma nova vida, muito mais plena e frutífera que a anterior. O morrer da semente quase nunca é permanente.

> Pense em si próprio como uma semente que hiberna com paciência no solo, esperando tornar-se uma flor no tempo certo e brotando para o verdadeiro despertar (C. S. Lewis).

Tal como a semente, seremos transformados para atingir a plenitude até alcançarmos estatura de uma pessoa completa. Não perca a esperança. Logo você vai brotar e experimentar um novo e esplendoroso renascer.

> A este processo chamamos vida; é a preparação para a vida que, às vezes, é uma pequena temporada de lágrimas (Douglas Malloch).

A terra que sufoca a semente é a mesma que lhe dá meios para crescer e tornar-se uma árvore. No esforço para germinar e romper a terra escura, ela se fortalece. Contorna a pedra dura e, com suas raízes, abraça os obstáculos, sem se dar conta, aprofundando no solo, o que lhe dá solidez para sobreviver aos mais violentos temporais.

> O maior sinal da derrota é quando já não mais se crê na vitória (MONTECUCOLLI).

O espírito humano perece sem esperança; todavia, nada pode acontecer àquele que continua acreditando. Sua vida germina e os frutos nascem. Reanime-se. Tenha bom ânimo e sabedoria para enfrentar as crises e vencê-las. Jamais esqueça: quem enterra uma semente não a destrói, presta-lhe um grande favor.

> ... se o grão de trigo não cair na terra e não morrer, continuará ele só. Mas se morrer, dará muito fruto.[5]

LIVRE-SE DO LIXO

Outro passo para elevar o estado de espírito é esvaziar a mente de toda negatividade, ódio, apreensão, medo, pensamentos contraproducentes ou perniciosos. Expulse da mente as vozes negativas e substitua-as por outras plenas de entusiasmo criador.

---

[5] Jo 12.24.

> O espírito do homem o sustenta na doença, mas o espírito deprimido, quem o levantará?[6]

Ninguém pode esperar que seu estado de espírito seja saudável e positivo se, de contínuo, alimenta a vida com ressentimento, pena de si mesmo e má vontade. Quem age assim anda em círculos, sempre carrega desesperança e repete para si e para outras pessoas velhos chavões como: "não consigo", "não dá", "sou incapaz". Esse modo de pensar não forma vencedores.

A mente pode funcionar dessa forma, repetindo frases derrotistas e poluindo nosso espírito. Permanece prisioneira, circunscrevendo os mesmos assuntos, medos, mágoas e frustrações. Recusa-se a tentar trabalhar com eficiência ou pensar com a criatividade de que o ser humano é dotado. Soa como um disco riscado que, por estar defeituoso, pára sempre na mesma faixa, perturbando nossos ouvidos.

A única maneira de sair desse círculo vicioso é mudar o modo de pensar, remover o lixo mental e preencher o vazio com coisas novas e saudáveis.

> [...] transformem-se pela renovação da sua mente, para que sejam capazes de experimentar e comprovar a boa, agradável e perfeita vontade de Deus.[7]

---

[6]Pv 18.14.
[7]Rm 12.2.

Levante os olhos e deseje um estilo de vida mais nobre e elevado; tire seu pensamento de atitudes destrutivas. Redirecione-o. Desprenda-se das amarguras, fracassos e ressentimentos. Conduza sua mente aos lugares de refrigério. Enfrente as crises sem medo, sabendo que são passageiras. Volte à luta. Eleve seu estado de espírito em Deus. Ele é o auxílio sempre presente na adversidade.[8]

> Os homens fariam muitas coisas se não julgassem tantas coisas impossíveis (François DE MALESHERBES).

[8]Cf. Sl 46.1.

CAPÍTULO DOIS

CRISES

Corrija seus erros

A arte de vencer é aprendida nas derrotas.

W. Dietrich

Todas as pessoas erram. Quem nunca disse para si mesmo: "Como pude agir desta maneira? Onde é que eu estava com a cabeça? Como fui cometer tamanha bobagem? Tive a oportunidade de minha vida e joguei fora!".

Não existe ninguém que não erre, nem mesmo os santos. Eles são santos não porque não errem, mas porque reconhecem os próprios erros; lutam contra eles sem os esconder, e estão prontos a corrigi-los (Mohandas Gandhi).

Eu mesmo já repeti essas frases inúmeras vezes. A culpa, a tristeza e a vontade de abandonar tudo, após termos cometido algum erro, são tentativas que nada resolvem. Ainda que, por alguns dias, o lamento ou o desejo de desistir possam estar presentes, tais sentimentos não devem ser constantes.

APRENDA COM SEUS ERROS

Todo erro tem características positivas. Os fracassos ajudam a desenvolver a personalidade. Aprendemos com as experiências. Tomamos decisões baseadas no conhecimento adquirido. Uma decisão errada nos aconselha a fazer escolhas acertadas e pode produzir transformação.

Muito ganha quem aprende quando perde.[1]

Em parte, é com as falhas que desenvolvemos a capacidade de escolher entre o certo e o errado. É assim que a maturidade se desenvolve. Um erro não deve ser a razão para viver com vergonha, reclamações ou culpa. Os fracassos podem ser professores formidáveis.

Ao soar a campainha, abro a porta sorridente e lá está Maria, a líder dos adolescentes. Seu olhar triste e cabisbaixo revela que algo vai mal. Para ela é difícil

[1] Ditado italiano.

falar. Faço tudo para facilitar a conversa. Depois das primeiras palavras trôpegas, sem conter as lágrimas, ela confessa: "Estou grávida, que vou fazer agora?".

Mesmo ouvindo histórias como essa durante toda a minha vida, não consigo me acostumar. Demonstrando compaixão, respondo: "Você tem duas opções. A primeira: Não faça absolutamente nada. Apenas confesse. Deus ama e perdoa. No entanto, a gravidez vai se tornar pública. Sua barriga vai crescer. As pessoas não pouparão críticas. Seus pais ficarão chocados, tristes e magoados. Como você é líder dos adolescentes, eles exigirão que você não mais os lidere. Os falatórios produzirão mal-estar e sofrimento. As pressões virão de todos os lados. Você ficará mais ferida do que já está".

Maria me olhou desconsolada e perguntou: "Que outra opção eu tenho?". Suspirei fundo e continuei: "Vá até sua casa. Converse com seus pais e abra seu coração. Eles ficarão atordoados no início, contudo aceitarão o acontecido, pois a amam profundamente. Já que você quer se casar, diga a seus pais que não é seu desejo casar sem a bênção e o perdão deles. É impossível construir uma família saudável e feliz fugindo da verdade e das conseqüências de nossos atos. No domingo, falaremos abertamente a toda comunidade. Quem pode acusar aquele que confessa? Que acusador não fica corado de vergonha diante de seus próprios pecados e do Deus que conhece o que ocultamos dentro de nós? Pode ter certeza, eu vou protegê-la. Ninguém vai lhe acusar depois disso. Nenhuma culpa ficará na sua alma. Seu filho nascerá de um ventre sem mágoas nem amarguras. Todos entenderão e ajudarão".

Maria, comovida, respondeu: "É assim que vou agir! Fui madura o bastante para ficar grávida, serei adulta o suficiente para confessar e assumir o que fiz".

O encontro com os pais de Maria foi tocante. Com coragem e firmeza ela contou toda a verdade. Eles se abraçaram, choraram e acariciaram uns aos outros. Emocionado, os envolvi com meus braços e fiz uma oração de gratidão a Deus. Deus estava usando um acontecimento inesperado e doloroso para restaurar trazendo cura e perdão.

Como já disse, errar todo mundo erra! O que fazer depois é a grande questão. Tudo vai depender de você. A postura a ser assumida no dia seguinte é fundamental para se recuperar do erro. É essa atitude que vai determinar o sucesso ou fracasso. Você pode simplesmente calar a voz da consciência ou "tapar o sol com a peneira", usando desculpas esfarrapadas como muita ocupação, diversão, vícios, ou até mesmo um novo erro. Entretanto, este modo de agir produzirá angústia ainda maior. Somente uma decisão honesta e responsável conduzirá à verdadeira felicidade. Não macule seu futuro carregando vida afora as conseqüências de erros mal resolvidos.

É necessário que você...

SUBSTITUA O ERRO PELA VERDADE

Temos a tendência de repetir os mesmos erros. Sabemos o que é certo, mas não conseguimos fazer o que é certo. Conhecemos o que é errado, entretanto, não evitamos o que é errado. Como nós, Paulo, o apóstolo, experimentou esse mesmo dilema ao afirmar:

> ... não faço o que desejo, mas o que odeio [...] Porque tenho o desejo de fazer o que é bom, mas não consigo realizá-lo. Pois o que faço não é o bem que desejo, mas o mal que não quero fazer, esse eu continuo fazendo.[2]

Quem não aprende a enfrentar os próprios erros se torna enfermo no espírito. Fechado — é incapaz de perdoar. Culpado — está sempre com um pé atrás. Constrói muralhas de proteção e transforma-se em prisioneiro, verdugo e carcereiro de si mesmo.

Existem situações que nos conduzem ao confronto. Somos levados a olhar no espelho de nossas almas. Nem sempre aquilo que descobrimos existir

---

[2] Rm 7.15,18*b*,19.

ainda dentro de nós é bonito. Ficamos surpresos ao detectar coisas das quais pensávamos estar livres. Esse exercício de introspecção incomoda, todavia conduz ao crescimento.

> Quem esconde os seus pecados não prospera, mas quem os confessa e os abandona encontra misericórdia.[3]

A verdade liberta. Quanto mais guardamos os erros, tanto mais erramos. Confessar é reinventar a própria vida. Quem substitui o erro pela verdade encontra paz e força para fazer o que é certo.

ELIMINE O MAL PELA RAIZ

Os erros causam fracassos, muitas vezes duradouros. Todos nós, alguns mais, outros menos, nos destruímos à medida que o erro prevalece. Não esqueça que o exterior é conseqüência do que existe no interior. A pergunta que surge agora é: Como podemos eliminar o erro?

Há coisas que não se podem fazer sem a ajuda profissional de um psicólogo, conselheiro ou psiquiatra. Sobretudo você deve pedir ajuda a Deus.

---

[3] Pv 28.13.

Não adianta tentar consertar o exterior sem limpar o interior. Sem transformação, você continuará fazendo o que é errado e fracassando. Então, faça como o rei Davi:

- admita a você mesmo que errou;[4]
- admita a Deus que você errou;[5]
- peça a Deus para apagar os seus erros;[6]
- peça a Deus para restaurá-lo.[7]

---

[4] Cf. Sl 51.3.
[5] Cf. Sl 51.4.
[6] Cf. Sl 51.1.
[7] Cf. Sl 51.10.

CAPÍTULO TRÊS

CRISES

AMPLIE SEUS LIMITES

*O único limite que existe é aquele
que você coloca sobre si mesmo.*

THOMAS EDSON

Responda a uma pergunta embaraçosa. O que você está fazendo com as maravilhosas habilidades e o extraordinário potencial que Deus lhe deu? A essa questão somente você pode responder.

Os especialistas em natureza humana afirmam que uma pessoa normal usa apenas uma pequena fração da capacidade mental. Alguns asseguram que essa fração é de apenas dez por cento. Pouquíssimas pessoas chegam a usar vinte por cento. A maioria usa bem menos do potencial mental que possui. Todos nós, sem exceção, poderíamos usar mais do que estamos usando. A conclusão lógica é que, se assim fizéssemos, poderíamos chegar bem mais longe do que realmente chegamos.

As pessoas são como um carro de oito cilindros, com o potencial de atingir alta velocidade, mas funcionando com apenas um cilindro, sem progredir por ter a válvula presa. O potencial está amarrado, estagnado e adormecido dentro do indivíduo. Ele está lá, pronto para ser usado, porém nunca é chamado a agir. É uma enorme tragédia. Por que não usamos todo o nosso potencial? Por que nos limitamos tanto? Você é muito mais capaz do que pensa que é.

ACREDITE EM SI MESMO

Creio que uma das razões pelas quais as pessoas não usam todo o potencial que têm é porque não aprenderam a desenvolver a própria força. Uma segunda razão é que o ser humano faz algo trágico consigo mesmo. Ele limita-se, impondo alvos demasiadamente pequenos; coloca sobre si cargas e cobranças pesadas; bloqueia sua própria estrada para o sucesso com palavras, pensamentos e atitudes negativas, tais como: "Além deste ponto não posso ir", "É melhor não arriscar o certo pelo duvidoso", "Já cheguei longe de mais", "É muito mais do que eu esperava", "Eu não vou conseguir". Acreditam piamente nessas declarações por isso buscam alvos insignificantes.

Assim, uma tragédia ainda maior acontece ao fazerem a si mesmos a pior de todas as afirmações: "Não posso mudar o que eu sou. Tenho que aceitar meu destino e ser agradecido. Deus quis assim, o que eu posso fazer?". De jeito nenhum podemos viver baseados nessas inverdades. Deus não criou o ser humano para ser menos do que é capaz de ser.

> O ser humano acredita mais nos seus equívocos do que nas suas verdades (Nelson RODRIGUES).

Quando uma pessoa se acomoda, engessando seu potencial, pratica o que chamo de "pequenez" ao estabelecer para si objetivos minúsculos e alvos opacos, terminando por fazer das limitações diárias hábitos duradouros. Congelada na mediocridade, a pessoa é incapaz de romper a casca que a envolve e liberar suas aptidões. Medrosa, não tem coragem para arriscar. Imóvel, não consegue dar um novo passo, abrir as asas e alçar um vôo diferente.

O IMPOSSÍVEL ACONTECE

Talvez ao chegar a este ponto você diga: "Estes pensamentos funcionam para você, não para mim. Somos completamente distintos, não tenho sua personalidade, nem temperamento. Na prática, tudo é muito diferente".

Por que essas verdades funcionam para mim e não para você? Como você sabe que elas não funcionam sem ao menos tentar?

Outra vez você responde: "Você não é fruto de uma família dividida, nem vive os problemas que eu tenho vivido".

Esses questionamentos soam como o tal "disco riscado", que mencionei anteriormente. Ele emperra sempre no mesmo lugar e repete incessantemente a mesma palavra. Quando afirmamos que a causa e nossos fracassos, são os nossos problemas, alimentamos os pensamentos negativos. A mente está prisioneira de um velho raciocínio. Não consegue pensar de outro modo, não se desvencilha das pseudoverdades que ela mesma criou. Logo, não se liberta.

Qualquer um pode mudar. O ser humano pode ser transformado. Ninguém precisa viver abaixo de seus reais limites e potenciais. Tudo é possível se você crer. Se você pode crer, Deus pode fazer. Não são apenas aqueles que têm uma deficiência evidente que não atingem certos alvos. Muitas pessoas plenamente saudáveis também não chegam longe. O pior dos aleijões não é aquele que é visível, e sim o que está oculto no interior. Ele está limitado por dentro. Milhares de deficientes, doentes terminais, pessoas com incapacidades físicas ou mentais ou outro tipo qualquer de inabilidade, conseguem sobrepujar-se, batendo recordes, surpreendendo o mundo, indo muito além do que outros com corpos totalmente perfeitos vão. Eles se tornam vencedores porque não permitem que circunstâncias ou deficiências controlem sua vida ou amarrem seu futuro ao passado.

De certa maneira, todos nós temos algum problema ou deficiência que limita nosso potencial. Luis Inácio Lula da Silva teve muitos pretextos para desistir. Nasceu na pobreza. Mudou-se do Nordeste para São Paulo a fim de tentar a vida, enfrentando as dificuldades naturais daqueles que vivem na megacidade. Perdeu quatro eleições para cargos públicos. Um torneiro mecânico e não um economista pós-graduado. Tem a língua presa e lhe falta um dedo. Não tem porte atlético nem pinta de galã. No entanto, você conhece o final da história. Lula recebeu a mais expressiva votação para Presidente da República, tornando-se o primeiro presidente do Brasil vindo da classe baixa e operária.

A variedade de desculpas e autolimitações que impomos a nós mesmos é imensa: falta de estudo e oportunidade, pobreza, enfermidade, herança familiar, desemprego, inflação, racismo, preconceito e outras tantas. Você mesmo pode nomeá-las. Acredite ou não, elas podem ser vencidas. Se você acreditar, o impossível acontece.

ULTRAPASSANDO SEUS PRÓPRIOS LIMITES

Não importa qual seja seu passado, não passe a vida dizendo ao mundo e a você mesmo que não pode ser feliz. Mesmo que não tenha capacidade para quebrar a barreira de seus próprios limites, a fé pode libertá-lo. A fé tem libertado cativos em todas as épocas. A esperança sustenta os abatidos. Juntas, elas destroem as cadeias da dúvida e do medo.

Pela fé os oprimidos venceram os dominadores. Um menino pastor matou um gigante com apenas uma pedra.[1] Uma prostituta transformou-se na mãe de um rei tendo seu nome escrito na genealogia do Filho de Deus.[2] Um velho incapaz de gerar filhos tornou-se pai de muitas nações.[3] Um gago libertou seu povo da mão dos opressores e os conduziu através do deserto à terra prometida.[4] Um bebê nascido numa manjedoura salvou o mundo.[5]

Por maior que seja o problema, sempre existe uma saída. A fé pode libertá-lo da inferioridade, livrá-lo da vergonha e capacitá-lo a continuar adiante. Você pode vencer os conflitos. A divina presença o capaci-

---

[1] Davi em 1Samuel 17.50.
[2] Raabe em Mateus 1.5.
[3] Abraão em Hebreus 11.12.
[4] Moisés em Hebreus 11.29.
[5] Jesus Cristo em Lucas 2.11.

tará a ultrapassar as limitações e caminhar vencedor. Existe dentro de você a semente da vitória. Uma atitude sua é capaz de mudar a história. Exceda seus limites. Rompa o casulo da mesmice. Floresça para seu mais lindo dia. Ultrapasse as próprias barreiras. Acredite, é possível.

CAPÍTULO QUATRO

CRISES

CONTROLE A ANSIEDADE

*A ansiedade nunca nos fortalece
para o amanhã; ela apenas nos
enfraquece para o dia de hoje.*

J. BLANCHARD

Li, provavelmente na Internet, um diálogo interessante e instrutivo. A conversa era entre um ricaço que desfrutava férias num recanto paradisíaco e um pescador nativo.

Após ter velejado por algum tempo, o pescador desembarca na praia. Sua pele bronzeada tem a cor do sol. Enquanto salta agilmente do barco, ele assovia uma canção própria dos velhos lobos do mar. A cabeça protegida por um chapéu de palha, cuja aba lhe assombreia o rosto, torna a cor de sua pele ainda mais escura. Os braços, torneados pela força das águas, puxam a pequena embarcação para terra seca, amarrando-a em uma árvore que dorme preguiçosa, esparramando-se em galhos também preguiçosos. Depois de esticar a rede, o pescador caminha lentamente carregando meia dúzia de peixes.

O ricaço, de pele avermelhada e andar grã-fino, veste uma camisa estampada. Tanto a pele quanto a camisa deixam clara sua condição de turista. Ele observa tudo atentamente. Analisa a lida incessante do pescador e ao contar com os olhos a pequena quantidade de peixes conduzida por suas calejadas mãos, fica curioso. De imediato, ele procura conversa saudando o pescador, que responde com um sorriso, exibindo os dentes ainda brancos e perfeitos. Como o pescador pára numa bica d'água próxima, o ricaço pergunta:

— A pesca estava fraca hoje?

— Não — reponde o homem.

Sem entender, o ricaço tenta mais uma vez:

— Como não, você só pescou seis peixes.

— Pesquei o necessário, seis são suficientes para alimentar minha família.

Despedindo-se, o pescador segue sua jornada até uma pequena casa no lugar mais alto da praia. A casinha branca rodeada por palmeiras e cercada por um pequeno mas bem cuidado jardim transmite paz e tranqüilidade. Um menino vem correndo alegremente seguido por outro menor; com dedicação eles tiram os peixes da mão do pai, carregando-os com orgulho. Eles são recebidos por um cão vira-lata que abana o rabo feliz, fazendo piruetas em volta do dono. Sem pressa, eles caminham aparentando ter todo o tempo do mundo. Um andar satisfeito, em total ausência de preocupação ou sinal de que precisem ir a algum lugar específico.

No dia seguinte a mesma cena da pesca se repete. Agora quem toma a iniciativa de cumprimentar o turista é o pescador:

— Bom dia!

— Bom dia — responde o ricaço, ainda curioso e intrigado.

— Só pescou seis peixes outra vez?

— É.

— Por que você não pesca mais?

— Pra quê?

— Para vender e ganhar dinheiro.

— Pra quê?

— Para comprar um barco maior.

— Pra quê?

— Para pescar muitos peixes e comercializá-los.

— Pra quê?

— Para ter muitos empregados.

— Pra quê?

— Para ganhar mais dinheiro, dar mais conforto a sua família e ter um futuro garantido e feliz.

— Pra quê?

— Para poder se aposentar, descansar, parar de trabalhar, viver sem preocupações e desfrutar a vida.

Olhando o turista com seus olhos negros e penetrantes, o pescador responde pela primeira vez com mais de duas palavras.

— Pra que vou ter toda essa trabalheira, moço, apenas pra conseguir tudo aquilo que eu já tenho agora?

Quantos de nós lutam a vida toda para obter felicidade, esquecendo que a possuíamos quando não tínhamos nada daquilo pelo qual tanto batalhamos. Já fomos tão felizes com pequenas coisas. A satisfação existia na presença do ser amado, no pneu a rolar ladeira abaixo, na traquinagem de uma criança, na visita de um amigo. Simples prazeres que quase se apagaram da memória. Estamos ocupados demais para parar; não temos mais tempo para um carinho.

A ansiedade é um espasmo de emoções, um catalisador de sentimentos e pensamentos capaz de criar uma condição de depressão dentro do ser humano. Ela faz a mente trabalhar ininterruptamente sobre uma idéia ou um assunto, sem deixá-la em paz, fazendo-a cativa. Quem controla a ansiedade libera de dentro de si uma positiva emoção de alegria e serenidade.

Essa é a razão pela qual não há sucesso em ensinar a parar de se preocupar. As pessoas não conseguem parar. Seus pensamentos estão emocionalmente prisioneiros da ansiedade. Eles estão acorrentados por uma obsessiva e possessiva idéia. A única maneira de quebrar essa corrente é semear outra idéia capaz de dominar a mente e tomar o lugar daquele pensamento que induz à ansiedade. Um pensamento redentor faz com que a mente repudie a idéia ruim e se agarre a nova idéia libertadora.

Existem pessoas tão acostumadas a conviver com a ansiedade, que quando não têm com que se preocupar preocupam-se porque não estão preocupadas. Carregam fardos desnecessários. Concentram-se na mesma coisa durante todo o tempo. A ansiedade não deixa espaço para a mente pensar criativamente em soluções. Como usar uma máquina sempre ocupada e sobrecarregada?

Aos 38 anos de idade sofri um enfarto. Fiquei desacordado durante 24 horas. Minha família, apavorada, conduziu-me ao Instituto do Coração, em São Paulo. Os médicos me obrigaram a descansar durante um mês. A cada mal-estar, um nasodilatador era colocado debaixo de minha língua para prevenir um novo enfarto. Fui submetido a uma exaustiva bateria de exames.

Logicamente, desde aquele dia assustador, mudei meus hábitos alimentares e passei a praticar exercícios regulares e a correr três vezes por semana. Todo ano faço um *check-up* rigoroso para avaliar minha saúde. Quem desconhece o ocorrido e sabe de minhas múltiplas atividades não imagina que estive face a face com a morte.

Um dos segredos de minha total recuperação foi crer incondicionalmente na cura, vivendo livre da ansiedade e sem medo de um novo enfarto. Imagine que, em vez de modificar minha vida positivamente, eu me tornasse vítima dela. Desse modo, afirmaria para mim mesmo e para todos a minha volta: "Estive à beira da morte. Não posso mais me aborrecer. Tenho que abandonar o esporte. Minha vida está acabada. Não posso mais comer tudo de que gosto. Devo fazer uma dieta intensa e rigorosa. Um enfarto aos 38 anos é praticamente fatal. A qualquer momento posso ter outro. Posso morrer a qualquer minuto".

Sem cessar, comentaria o ocorrido com todas as pessoas, contando cada detalhe da doença, vivendo os momentos dolorosos, martirizando-me, explicando o processo de recuperação, detalhando o procedimento de cada exame e como foi árduo ficar completamente inerte numa cama durante um mês. Essa atitude me faria desistir da vida ou vivê-la muito afastado de meus verdadeiros limites.

Então, não mais comeria em restaurantes e carregaria minha própria comida dietética, sem sal e gordura por onde quer que fosse. Comer picanha, nem pensar. Exigiria de minha família que não comesse doces na minha frente. Negaria a mim mesmo alguns prazeres necessários. Tornaria tanto minha vida como a dos outros um verdadeiro inferno em vida. Repetiria sempre os exames. Visitaria o médico compulsivamente. Teria pavor de ficar sozinho, exigindo sempre a companhia de alguém. Pararia de viajar, não mais cumprindo minha missão. Carregaria todas as recomendações médicas no bolso para qualquer eventualidade. Ficaria confinado em casa e dependente dos outros. Sobrecarregaria minha esposa, roubando-lhe a liberdade e a alegria de viver. Esperaria sempre pelo pior a qualquer momento, pelo próximo ataque, vivendo sobressaltado, ocupado com pensamentos desfavoráveis, lendo de tudo que falasse sobre como viver melhor depois de um ataque no coração. Sem nunca arrancar da memória o dia fatídico. Você concorda que minha vida seria impossível?

> Não há nada tão desesperador como não ter uma nova razão para ter esperança (Nicolau MAQUIAVEL).

Talvez o leitor ache que exagerei um pouco ou até muito na narrativa acima, contudo, é exatamente isso o que faz a pessoa ansiosa. Ela permite o mesmo pensamento vinte e quatro horas por dia. Sem descanso, intermitentemente, sem conseguir pensar em mais nada, sua mente permanece dominada pela idéia de que outra tragédia será inevitável. O marido vai ter outro caso, o filho vai sofrer mais um assalto, o dinheiro faltará novamente, o médico achará a doença. Assim, o mal se repetirá. Seu espírito, sempre para baixo, sem conseguir um minuto de bem-estar, jamais descansará.

Em vez de ficar pensando no enfarte e suas conseqüências, simplesmente cri que estava curado. Acreditei que poderia viver uma vida normal. Não permiti que o negativo ciclo da ansiedade dominasse minha vida. Fiz algumas mudanças positivas em meu estilo de vida. Embora a experiência da doença tenha sido negativa, passei a falar dela produtivamente. Cada exame ou *check-up* que tenho feito atesta a cura.

> Os momentos de preocupação enfraquecem a alma para a luta de cada dia (Anna Robertson BROWN).

ABANDONE A ANSIEDADE

Já que a ansiedade é um pensamento irracional, você deve abandoná-la. Reflita calmamente sobre ela, dissecando, analisando, estudando-a parte a parte, acontecimento por acontecimento. Faça essa análise de maneira ponderada, tranqüila, coletiva e inteligente. No final, chegará à conclusão de que não existem motivos reais para viver ansioso.

Os argumentos da ansiedade, em sua maioria, são ilusórios; mentiras que se vestem de verdades; fantasmas que se materializam quando lhes oferecemos abrigo. Uma análise perspicaz dos fatos provará que o problema é bem menor do que parece. Melhor! Você perceberá que é capaz de resolvê-los com um pouco de inteligência, esforço, ajuda e oração.

> Entregue seus problemas para Deus; Ele vai estar acordado a noite toda, de qualquer maneira.[1]

Quando você deixa a poeira assentar e descansa, colocando as preocupações de lado, verá que não há mais muita coisa com que se preocupar. Na verdade, noventa por cento das crises não têm razão de ser ou na maioria das vezes são inócuas, não podem nos fazer nenhum mal. Pode ter certeza, você é capaz de resolver os dez por cento que sobram. Pare um pouco. Trabalhe na solução. Procure ajuda. Dialogue mais. Busque a Deus em oração. Ouça os sábios conselhos da Bíblia. Não se deixe dominar pela ansiedade. Será muito mais fácil resolver.

> Levar preocupações para a cama é dormir com o embrulho no lugar do travesseiro (Thomas Chandler HALIBURTON).

---

[1] *Pequeno manual de instrução de Deus para casais*, São Paulo: United Press, 1998, p. 22.

Nunca ataque a crise antes que ela o ataque primeiro, ou receberá o contra golpe. Não permita que a ansiedade escravize suas emoções e sentimentos. Mantenha o sangue-frio, seja qual for a situação. Gaste suas melhores energias com presença de espírito e clareza de mente para resolver os quebra-cabeças.

> Talvez sua crise seja apenas uma bolha que estoure rapidamente (David KEPPEL).

Quem assim age faz com que a ansiedade não tenha poder para dominá-lo. Quando alguém se preocupa, ficando cheio de apreensão, tem a tendência de entrar em pânico e só enxergar dificuldades. Não existe nenhuma situação, por pior que seja, que não possa melhorar muito depois de repensada com perspicácia, criatividade e fé. Acredite, Deus o fez capaz de resolver todas as crises.

> Tu, SENHOR, guardarás em perfeita paz aquele cujo propósito está firme, porque em ti confia.[2]

VIVA ACIMA DA ANSIEDADE

A ansiedade é como uma tempestade que se forma lentamente no horizonte. Pouco a pouco, ela escurece nosso dia ensolarado, rouba a visibilidade, pro-

[2] Is 26.3.

duz perigosos raios e trovoadas sobre nosso viver. Da mesma maneira, nubla a inteligência, aterroriza o futuro, bloqueia o bom senso com sua cerração, até que estejamos presos no meio dela e sem saída.

Nos dias de chuva muitas pessoas se confundem, se perdem ou se acidentam. Como na tempestade, a melhor atitude para vencer a ansiedade e não cometer loucuras é procurar abrigo, parar e esperar até que tudo acalme.

> Janice, minha esposa, alegremente e sem cessar, fazia os preparativos para a chegada de seus pais. Não era comum recebermos visitas nos Estados Unidos. As crianças aguardavam entusiasmadas a chegada dos avós. Eu iria buscá-los, já que eles desembarcariam no aeroporto de Atlanta, cidade localizada a quatrocentos quilômetros de Johnson City, onde morávamos. Apesar da distância, a viagem duraria pouco mais de meia hora.
>
> John, um bom amigo, possuía um pequeno avião e se oferecera para buscá-los. No início relutei um pouco em aceitar seu favor, pensava que John iria a Atlanta de carro, pois não imaginava que ele possuísse um avião. Ao saber que viajaríamos em seu aeroplano, aceitei sua oferta com alegria. Além do mais, queria ver o rosto de meus sogros me vendo chegar de avião particular.

Antes do nascer do sol, encontrei John no aeroporto de Tri-City. Entrei na pequena nave e ocupei o assento do co-piloto. Era a primeira vez que eu ocupava uma cabine de avião e faria papel de co-piloto. O rádio dava as instruções para a decolagem; John respondia por códigos e comandos totalmente novos para mim. Controlando minhas emoções, eu tratava de esconder a insegurança, atuando o mais natural que podia, aparentando total domínio da situação. Não era meu primeiro vôo; já perdera a conta de tantas idas e vindas nos mais diferentes aviões; porém, fazer parte da tripulação era algo totalmente novo.

O dia, ainda sob os efeitos da noite, era escuro e nublado. Uma chuva fina, intermitente, teimava em se fazer presente no inverno das montanhas americanas. As nuvens pesadas e baixas, ajudadas pela cerração, faziam com que a visibilidade fosse quase zero. Sem compreender com clareza todos os preparativos que John fazia, apreensivo perguntei: "Não dá para enxergar nada. Como vamos saber onde estamos indo?". John esboçou um leve sorriso e explicou: "No início, obedecemos às coordenadas da torre de comando, depois é só subir alguns milhares de metros e tudo ficará bem".

Minha única saída era confiar. Os motores roncaram ruidosos anunciando a partida; a velocidade da nave aumentou; suas asas movimentaram os *flaps*. Em segundos estávamos acima do chão, subindo em direção às nuvens. Mergulhamos no desconhecido, cortando as grossas nuvens rapidamente como quem corta um bolo de claras. Em instantes havíamos emergido num mundo totalmente oposto ao que havíamos deixado abaixo de nós. Acima da tempestade o dia era claro. A beleza indescritível do avermelhado do sol nascente me deixou extasiado. As nuvens abaixo do avião pareciam nos amparar; como alvíssimas bolas de algodão, elas escondiam de nossa vista o tempo sombrio que tínhamos deixado para trás.

A vida é parecida com minha viagem. Para aquelas pessoas que vivem debaixo do peso da ansiedade, o dia parece escuro, cinzento, pesado e sem perspectiva de mudança. Diferentemente, a visão daqueles que vivem acima da ansiedade é totalmente oposta. Quem consegue voar sobre as preocupações enxerga com clareza, está apto a visualizar o caminho e ir seguro em busca de seu destino. A resposta de John também é válida nos momentos de ansiedade: *Basta obedecer às coordenadas da torre de comando; depois, é só subir além das nuvens e tudo ficará bem.*

Confie em Deus! Mergulhe nas nuvens e deixe a ansiedade para trás. Abra as asas e voe ao encontro de um dia cheio de luz, subindo acima das preocupações. A próxima vez que você estiver cercado por um nevoeiro, sem conseguir vislumbrar o caminho, sentindo o coração pesado e dominado pela incerteza, diga para si mesmo: "Vou consultar as coordenadas daquele que tem minha vida em suas mãos, usar meu bom senso, parar um pouco e rever meu caminho. Depois, subirei além das nuvens escuras da ansiedade e descansarei em Deus". Se você praticar essas verdades, chegará à conclusão de que a ansiedade não tem poder sobre você. A crise se dissipará, e você estará livre.

CAPÍTULO CINCO

CRISES

Não perca a coragem!

*Quem não teme o futuro pode
aproveitar o presente.*

THOMAS FULLER

Existem dois tipos de medo: um normal e outro anormal. O medo que chamo normal é aquele necessário para nossa sobrevivência e proteção. Nessas circunstâncias é natural sentir medo. É esse receio que faz o nadador não ir além dos limites, que está presente na criança no primeiro dia de aula, no homem quando inicia uma nova carreira, ou na mulher prestes a dar à luz.

O medo anormal é algo totalmente diferente. Terrível coisa é viver dia e noite sob o domínio desse tipo de temor. Em alguns casos, ele causa não só invisíveis doenças, mas também enfermidades aparentes e comuns.

> A coragem é a virtude que torna as outras virtudes possíveis (Winston CHURCHILL).

Muitas circunstâncias contribuem para produzir medo e nos abalar. Entretanto, ao agir com confiança e fé, os temores desaparecem.

REAFIRME-SE

É possível que você conheça algumas pessoas que não demonstram nenhum tipo de medo. Elas têm uma fé profunda e inabalável, afirmando sempre acreditar que o melhor e não o pior vai acontecer. Talvez você pense: "É exatamente assim que eu desejo ser. Estou cansado de viver amedrontado pelas possíveis tragédias. Eu gostaria de experimentar uma vida completamente livre do medo".

> Quem fortalece o medo são as palavras; não aquelas que as pessoas nos dizem, mas as que repetimos a nós mesmos.

O primeiro passo para vencer o medo é compreender que muitas coisas que tememos provavelmente jamais se tornarão realidade. Se permitirmos que o medo nos controle, ele pode travar nossa jornada para a vitória. Travá-la em proporções infinitas.

Uma maneira positiva e funcional de livrar-se do medo é praticar uma forma de oração chamada afirmação. Esse tipo de oração quase não é praticado. A maioria somente ora para pedir a Deus alguma coisa. A oração de afirmação é aquela em que você assegura a si mesmo e aos outros que Deus o ama e ajuda.

> O Senhor é a minha luz e a minha salvação; de quem terei temor? O Senhor é o meu forte refúgio; de quem terei medo? [...] ainda que se declare guerra contra mim, mesmo assim estarei confiante.[1]

Você crê que ele está tomando conta de você neste exato momento, portanto você não precisa estar com medo. Não diga: "Senhor, estou cansado de viver ansioso, livra-me do medo". Ao contrário, afirme: "Tu és o Deus que me protege; portanto não temerei, pois estás ao meu lado".

> Quando criança, acordei certa noite dominado pelo medo. Abri meus olhos no escuro e nada vi até que meus olhos estivessem acostumados à escuridão. À medida que percebia os vultos, senti que havia mais alguém no meu quarto. O estranho estava de pé, bem perto da minha cama. Em sua mão, eu via uma faca pronta para ferir-me numa estocada fatal. A

---

[1] Sl 27.1,3.

coragem, que já não era muita, desapareceu totalmente. Fiquei completamente sem reação. Meus pensamentos trabalhavam ligeiro procurando uma saída. Naquele momento assustador, a única coisa que me veio à mente foi uma pequena e simples canção que minha mãe entoava desde minha tenra idade. Arrancando de dentro de mim um derradeiro alento, tentei cantar. Minha voz trêmula, fina e desafinada repetia o inesquecível verso sem parar:
Quando tenho medo logo digo assim — Deus é meu amigo, Deus cuida de mim.

Um diminuto lampejo de coragem fez levantar vagarosamente uma de minhas mãos em direção ao interruptor. Aqueles foram os segundos mais longos de toda a minha vida. Logo, o triscar da eletricidade produziu a claridade que eu tanto almejava. Num piscar de olhos o quarto foi iluminado, revelando a face oculta do meu agressor. Era apenas a minha calça pendurada na porta do guarda-roupa.

Aquele menino que a vida deixou para trás aprendeu uma grande lição: o medo se dissipa quando o enfrentamos. Todas as pessoas podem aprender, como ele aprendeu: nós criamos a maior parte de nossas assombrações. O medo é alimentado quando o ser humano não reafirma sua fé em Deus e em si mesmo.

Assim conhecemos o amor que Deus tem por nós e confiamos nesse amor.²

ENCARE SEUS MEDOS

Não se pode evitar o medo nem fugir dele. Ele deve ser enfrentado cara a cara. Se você não está disposto a ir fundo naquilo que lhe causa mal, viverá constantemente assustado. Theodore Roosevelt, ex-presidente dos Estados Unidos, afirmou: *"Tenho sentido medo freqüentemente. Nunca me entreguei a ele. Obriguei-me a agir como se não sentisse medo; gradualmente, o medo desapareceu"*. Enfrentá-lo é a única solução.

Problemas sempre estão presentes na estrada da vida. Ninguém pode viver livre deles. É muito bom que Deus não nos permita antever o futuro, porque provavelmente tentaríamos nos esconder ou fugir das adversidades. Como Deus é um Pai misericordioso, somente nos permite viver um dia de cada vez. Quando as coisas se tornam difíceis não existe outro jeito, a não ser respirar fundo, continuar em frente e permanecer tentando. C. S. Lewis afirma que somente aqueles que enfrentam problemas podem amar e viver completamente.

> Ame e provavelmente seu coração será ferido e despedaçado. Se você quiser mantê-lo intacto, nunca

²1Jo 4.16.

entregue seu coração a ninguém, nem mesmo a um bichinho. Envolva-o cuidadosamente com suas manias e orgulho; evite todo relacionamento; tranque seu coração no caixão do egoísmo. Neste caixão seguro, escuro, sem emoções nem aventuras, seu coração se transformará. Ele não será despedaçado, mas se tornará inquebrável, impenetrável, intocável, irredimido e frio. O único lugar além do céu no qual você estará perfeitamente a salvo dos perigos e das perturbações desta vida será o inferno (C. S. LEWIS).

Parafraseando Henry Drummond, o espírito do ser humano é um salão de paredes flexíveis e contráteis. Ele pode ser expandido ilimitadamente desde que Deus seja o seu mais adorado hóspede. Porém, sem Deus, o espírito do ser humano se encolhe cada vez mais, até que cada vestígio do divino desapareça. Essa será a maior tragédias de todas.

USE O MEDO COMO UM MOTIVADOR

O homem trabalha todos os dias até meia-noite. Numa linda noite de lua cheia, ao sair do trabalho, ele resolve cortar caminho pelo meio do cemitério. Por várias noites ele cruza a necrópole. Mesmo quando a lua desaparece e as trevas não lhe permitem ver o caminho com nitidez, ele toma o atalho. Depois de tantas noites atravessando o cemitério, conclui que conhece o caminho de cor e salteado e pode chegar em casa sem problemas.

Em uma noite dessas, enquanto caminha no escuro, sem conseguir ver claramente, pisa em uma cova recém-cavada e coberta. Sem suportar seu peso, o jazigo cede, engolindo-o completamente. Ajeitando-se o melhor que pode, ele faz de tudo para sair da incômoda situação, no entanto, a sepultura é profunda e seus esforços são inúteis. Só consegue sujar-se ainda mais.

Sendo prático, ele pensa: "Logo os coveiros aparecerão e me ajudarão a sair desta inusitada e engraçada situação". Senta-se em um canto, estende o casaco sobre si e tenta dormir.

Uma hora mais tarde, outro andarilho também resolve cortar caminho pelo cemitério, usando a mesma trilha e estratégia. De repente, também escorrega para dentro da mesma cova em que jaz o primeiro errante. Da mesma forma que o primeiro, ele em vão tenta sair de dentro da campa. Após algumas tentativas, aquieta-se, toma fôlego e pensa em como resolver seu dilema. É aí que nosso primeiro amigo, do meio das trevas, faz ouvir sua voz: "Companheiro, você nunca sairá daqui deste jeito". Ao ouvir a voz sinistra e macabra, o segundo homem dá um salto para fora do jazigo e como um raio foge aterrorizado.

O segundo homem, tanto quanto o primeiro, tinha o potencial para sair do buraco. Mas o potencial precisava de motivação. Dentro de cada um de nós existe a força necessária para resolver problemas e nos tirar do buraco. Quando a correta motivação é aplicada ao nosso potencial somos capazes de vencer qualquer tipo de crise.

Existem duas energias fundamentais neste mundo — o medo e a fé. O medo pode conduzi-lo a derrota. Somente em raros momentos poderá motivá-lo ao sucesso. A fé é uma energia muito mais poderosa. A fé pode levá-lo a uma nova conscientização de seu potencial e da presença de Deus em sua vida, livrando-o do medo para sempre.

> Se os homens tiverem razões para acreditar que estão marchando para um futuro melhor, poderão remover montanhas. Não tendo esta esperança; eles desistirão e perderão as energias (Erich FROMM).

CAPÍTULO SEIS

CRISES
SOLUCIONE A CRISE!

Procure sempre uma saída.
Ela existe.
Você só tem de encontrá-la.

Todo ser humano tem um problema particular de dificílima solução. Esse problema é sua própria vida. Se o homem não souber o que fazer, a vida fará alguma coisa com ele — isso é fato. Controlamos a vida ou ela nos controla. Essa afirmativa é simples e totalmente verdadeira.

Seja qual for a crise que atravesse, ela pode ser superada ou resolvida. Você pode solucioná-la se acreditar em Deus e em si mesmo. O Criador lhe deu a capacidade de encontrar respostas. Mesmo que você não tenha o conhecimento para superá-la, pode adquiri-lo e aprendê-lo. Se perdeu a criatividade, encontre-a! Se não tem sabedoria, busque-a! Enquanto estiver vivo, você pode fazer alguma coisa.

A agência bancária estava repleta. Na longa fila, uma senhora elegante, de cabelos brancos, espera pacientemente. Ela mata o tempo conversando sobre as estações do ano, até que o caixa avisa com a cabeça o momento de atendê-la. Depois de pagar as contas e obter os recibos, ela diz:

— Por favor, poderia trocar cinqüenta reais por notas de dez.

O atendente, que há muito demonstra cansaço e impaciência, responde de má vontade:

— Não tenho troco.

A senhora ergue os olhos para o rapaz como que não acreditando na resposta. Respirando fundo e mantendo a calma, ela continua:

— Já que é assim, por favor, deposite estes cinqüenta reais em minha conta.

Sem ter opção, o caixa coloca a nota de cinqüenta reais na gaveta e devolve o comprovante de depósito.

Para surpresa dele, a mulher tem mais um pedido. Com o mesmo bom senso com que agira até então, ela diz:

— Um último favor, gostaria de sacar quarenta e nove reais.

Surpreso, o jovem arregala os olhos, querendo relutar, porém, já não tendo como negar o pedido, termina:

— Aqui está, senhora, seu troco.

Palmas ressoam pelo banco. A algazarra vem dos demais clientes, louvando a solução bem-humorada e inteligente encontrada pela ilustre senhora.

Esse acontecido revela uma grande verdade. A senhora poderia ter agido de forma grosseira e nervosa. Entretanto, esta reação lhe traria dissabores, poluiria seu poder de raciocínio, impedindo-a de encontrar uma saída para o problema. Ao manter a calma e atitude positiva, ela liberou a capacidade para resolver o impasse.

PENSE COM PROFUNDIDADE

Responda com sinceridade: Qual foi a última vez que você realmente parou para pensar? Quanto tempo faz desde a última reflexão? Meditar profundamente é uma das mais difíceis tarefas para o homem moderno. Muitos pensam que parar para pensar é ficar sem fazer absolutamente nada. Muita ocupação e ansiedade nos impedem de raciocinar com profundidade. Procuramos respostas fáceis e prontas. Quase sempre nossos pensamentos são superficiais, logo nossas soluções também o são.

Em vez de concentrar-se nas soluções, a maioria das pessoas prefere, diante dos desafios, reagir com a emoção ou simplesmente tentar resolvê-los com fórmulas prontas, rápidas e fáceis. Pensam apenas de modo superficial, sem jamais mergulharem no interior da mente.

Para pensar com profundidade, é primordial dominar as primeiras emoções e reações. Geralmente, atos precipitados não trazem respostas desejadas; pelo contrário, produzem dificuldades. Ao conter as emoções improdutivas e reações negativas, a pessoa é libertada para penetrar uma área de sua mente onde o pensar é criativo, o que ajuda a desenvolver a autoestima e decidir corretamente.

Basicamente há dois tipos de pessoas: as que enxergam soluções e as que somente vêem problemas. Ou se preferir, as que enxergam e as que são cegas. Poucas pessoas possuem uma visão diferenciada.

> Pois o coração deste povo se tornou insensível; de má vontade ouviram com os seus ouvidos, e fecharam os seus olhos. Se assim não fosse, poderiam ver com os olhos, ouvir com os ouvidos, entender com o coração e converter-se e eu os curaria.[1]

Quem enxerga, olha os fatos e realmente os vê. Ouve e verdadeiramente escuta; percebe a mensa-

---

[1] Mt 13.15.

gem enviada pelos acontecimentos. Aquele que observa é sensitivo, vive todo tempo antenado, consegue captar o recado que as circunstâncias trazem, conhece o verdadeiro significado da palavra viver. Em outras palavras, é vibrante e está sempre alerta.

"Cego é aquele que não quer ver", diz o ditado popular. Embora não o seja fisicamente, ele é cego quanto à percepção, sensibilidade e discernimento das coisas ao redor. É afetado pelos fatos em vez de alterá-los. Como quase nunca tenta algo novo, faz uso das mesmas idéias, não arrisca e vive aquém de suas reais possibilidades. Corre atrás do tempo, é adepto da mesmice, da burocracia e aplica métodos que não mais funcionam.

MANTENHA A PRESENÇA DE ESPÍRITO

As crises são resolvidas com presença de espírito. Quem assim se mantém é capaz de uma resposta ágil e serena e de uma reação oportuna e imediata diante das circunstâncias. Sem a presença de espírito as pessoas se alteram, perdem a calma, embaçam a mente, obscurecem o bom senso e a capacidade de resolução.

Eu tinha uns doze anos. Meu maior prazer era passar alguns dias no sítio do meu avô. Lá, juntamente com meus primos, me esbaldava de tanto brincar e comer a comidinha caseira da vovó. Nosso lugar favorito era o rio. Os dias quentes de verão nos convidavam a permanecer todo o tempo dentro d'água. Todos queriam mostrar suas habilidades mergulhando de um lugar mais alto, prendendo o fôlego mais tempo, ou nadando mais rápido contra a correnteza. Sem nenhuma noção do perigo, nossas risadas e algazarras podiam ser ouvidas ao longe. O barulho quase sempre avisava que tudo estava bem; o silêncio nos denunciava imediatamente; com certeza, estávamos aprontando alguma traquinagem.

Vovô, sabiamente, exigia a presença de um adulto conosco; porém, como tomar conta de duas dezenas de crianças?Naquele dia, a tarefa de babá caíra sobre o tio Orlando. Seria preciso ficar atento, mas mesmo assim num piscar de olhos meu primo de dois anos desapareceu. Quando nos demos conta de sua ausência, pensamos que alguém o havia levado para casa. Não tínhamos tempo para correr até lá e verificar. Enquanto estávamos paralisados pelo medo, sem saber como agir, tio Orlando, num relance, passou os olhos sobre nós, conferindo a ausência do garoto. Imitando os primos, Eduardinho também tinha pulado.

Em seguida, sem falar uma única palavra, sem pestanejar, ou pensar duas vezes, ele se atirou nas águas do rio. O mergulho se mostrou providencial, titio escolhera exatamente o local onde estava

Eduardinho, encontrando-o ao fundo, preso às plantas aquáticas.

Alarmado e carregando-o em seus braços, titio, sem dizer uma só palavra, acabou com nossa brincadeira. Da experiência só restou o susto e a lembrança de que a presença de espírito do tio Orlando fora fundamental para o salvamento de um bem muito precioso.

Manter a presença de espírito é fundamental nos momentos cruciais. Nas horas difíceis surgem os heróis.

PRATIQUE O SILÊNCIO CRIATIVO

Nos meus primeiros meses nos Estados Unidos vivi uma crise marcante. A Escola tinha prometido uma bolsa de estudos integral. Nos meus cálculos, uma bolsa assim cobriria todas as despesas da família. Não foi desse jeito. A bolsa não incluía aluguel, nem alimentação. Em seis meses, o pouco dinheiro que eu levei acabou. Para piorar, a ajuda do Brasil não chegava.

Mantendo a calma, não mencionei o fato para minha esposa. Entretanto, com a escassez me denunciando, ela logo percebeu. Não havia como economizar mais nada. As moedas eram contadas e cada centavo passou a ter muito valor. Trabalhei arduamente em tarefas que nunca fiz antes; qualquer pequeno serviço era bem-vindo, fosse colhendo morangos, capinando um matagal, limpando casas, ou até mesmo apitando futebol. Cheguei a catar latas de alumínio para vender.

Não tinha cara para pedir ajuda aos poucos conhecidos. Sempre auxiliei muita gente sem ter que pedir socorro financeiro a quem quer que fosse, e não havia antes passado por tal tribulação. É certo que nos meus primeiros anos de casado, a pobreza foi grande, mas naquele tempo eu estava no meu país, e era bem mais fácil buscar solução. Numa nova cultura, eu não sabia como agir. Além disso, meu orgulho estava profundamente ferido. Não queria me abrir com os familiares e amigos do Brasil. Eu anunciei aos quatro cantos que Deus estava me enviando aos Estados Unidos da América; assegurei minha família que tudo daria certo e que o Senhor supriria todas as nossas necessidades.

Sem saber mais o que fazer e sem ter a quem recorrer, fui para a Faculdade. Caminhei até a capela e fiquei ali em silêncio. Aquele aconchegante e lindo lugar convidava ao descanso. Durante cinco dias, passei minhas horas livres naquele recanto de paz. Confesso que não fiquei todo o tempo de joelhos. Sentei-me sem saber o que dizer a Deus. Meus pensamentos estavam turbados demais para orar. Em outros momentos, aproveitei a solidão para me deitar sobre um dos bancos, chegando a cochilar por alguns instantes tal era o cansaço. Mesmo quando tentava cantar, o hino desaparecia da minha mente. Por horas, fiquei ali quieto, olhando os vitrais coloridos, sem esboçar uma única palavra ou reação.

No quinto dia, quando tudo parecia acabado e o sentimento de desistência crescera dentro de mim, algo aconteceu. Uma voz interior me trouxe alento dizendo: "Vá até o diretor financeiro e converse com ele". Relutei comigo mesmo, mas o que eu teria a perder? Eu já havia atingido o fundo do poço e a situação não poderia ficar pior. Tomei coragem, dirigi-me até o escritório de Randy Philips que prontamente me recebeu. Com um aceno de cabeça e estendendo sua mão, ele me convidou a sentar. Sentei-me e derramei meu coração.

Depois de ouvir-me atentamente, Randy perguntou: "De quanto você precisa?". Demonstrando embaraço, respondi: "Trezentos dólares". Surpreso, Randy perguntou: "Só isso?". E continuou: "Silmar, pelo jeito você não sabe, mas cada aluno possui uma conta na tesouraria e você também tem uma. Desta conta, você pode sacar o que precisar para as despesas com a escola e emergências. Como você nunca sacou nada, você tem um saldo de três mil dólares; farei um cheque imediatamente".

A solução para a crise estava a minha disposição todo o tempo. Eu estava muito preocupado para encontrá-la; ansioso demais para vislumbrar a saída. No momento que busquei a Deus, mesmo em silêncio, sem saber muito bem o que dizer, Deus iluminou minha mente, dando-me coragem para buscar ajuda.

> A adversidade desperta em nós capacidades que, em circunstâncias favoráveis, teriam ficado adormecidas (HORÁCIO).

Conclusão — Espere um milagre

*A distância entre um sonho e sua realização
é bem menor do que você imagina.*

Qual é seu problema? Qual é o tipo de crise que você atravessa? A dificuldade é com saúde, negócios, filhos, casamento ou futuro? Você experimenta problemas emocionais, financeiros, matrimoniais, físicos ou espirituais? A espécie de crise que você vivencia não faz diferença. Não se desespere, nem fique deprimido. Não sofra de pânico ou estresse. Nem tente tão freneticamente resolver a anormalidade.

Seja qual for sua crise, pense grande, não se abata, aprenda com os erros, alargue os limites, controle a ansiedade, não perca a coragem, mantenha a presença de espírito, acredite em você mesmo e em seu potencial, e acima de tudo busque a Deus. O impossível pode ser conquistado. Sua maior vitória ainda está por vir.

> Deus conserta o coração partido se lhe dermos os pedaços (Edwin STANTON).

Ainda que você não possa mudar todas as coisas, existem muitas outras que você pode transformar. Comece com as pequenas coisas. Cada minúscula conquista lhe dará novo ânimo para continuar tentando, até transformar coisas maiores.

> Não poder mudar tudo não é motivo para não mudar nada (Bob PIERCE).

Você não pode alterar seu passado, mas as páginas do seu futuro estão completamente brancas. Comece a escrevê-las agora mesmo. A partir de você toda a sua geração será transformada. Você é a semente que vai gerar nova vida. É o precursor e o ponto de partida de um novo amanhecer.

> Trabalhe duro e espere um milagre. Nós faremos o nosso melhor; Deus fará o resto (Cam WYCLIFFE).

Sobre o autor

Silmar Coelho é conferencista internacional, nas áreas de família e formação de líderes. Doutorou-se em teologia e liderança na Universidade Oral Roberts, EUA. É autor de vários livros e participa regularmente de programas de rádio e televisão. Mora no Rio de Janeiro com a esposa, Janice, e os quatro filhos.

Esta obra foi composta em *Arrus BT*
e impressa por Imprensa da Fé sobre papel
Offset 63 g/m² para Editora Vida.